목자 목녀의 삶

 저자 이명희

1954년, 서울에서 태어난 저자는 1982년에 미국으로 이주, 1986년에 예수님을 영접했고 침례를 받았다. 2001년 미국 휴스턴으로 이주해 휴스턴 서울교회에 등록한 이후 남편(이진 안수집사)과 함께 지금까지 출석하고 있다. 2003년부터 목녀의 사역을 시작했으며 2004년에는 '가정교회에 관한 오해풀기'란 이름의 소책자를 저술했다. 2008년에 '목자 목녀의 삶' 교재를 저술하며 삶공부를 인도해왔다.

목자 목녀의 삶

이명희 지음

국민북스

서 문

예수님을 삶의 주인으로 받아들이고, 예수님을 따라서 필그림의 여정을 가는 사람들은 제자라고 불린다. 그리고 동시에 예수님의 군사들인 이들에게 주어지는 영적인 싸움을 정리해 본다면 크게 세 가지로 나눌 수 있을 것 같다.

첫째, 자기 부인의 싸움이다. 이기적인 옛 속성을 거스르고 계속해서 자아를 거슬러 싸워가지 않으면, 아름다운 성령의 열매들이 맺어지지 않을 것이다.

둘째, 영적인 최전방에서 영혼구원하는 싸움이다. 악한 세상에서 원수에게 사로잡혀 있는 사람들을 구출하고 예수님의 제자로 세워지도록 영혼구원의 열매를 맺기 위해 싸워가는 일이다.

셋째, 복음과 교회의 순수성을 지키는 싸움, 즉 복음을 세상에 전파하는 동시에 변질되는 것을 막으며 교회와 성도들이 예수님의 신부로서의 순결함을 지킬 수 있도록 싸우는 일이다. 이러한 선한 싸움들을 열심히 싸운 사람들은 "수고했다"고 반갑게 맞아주실 예수님을 기대하며 천국에 가게 될 것이다.

1990년대에 미국 동부에서 살 때, 기도하려고 엎드리기만 하면 진귀한 보석들이 땅속에 가득 파묻혀 있던 모습이 연상되며 알 수 없는 슬픔이 몰려오곤 했다. '왜 이런 것을 내게 보여주실까?' 의아해했는데, 나름 '교인들이 그저 수동적으로 교회만 왔다 갔다 하고, 제자로서의 삶을 살아가지 않는 것을 성령님께서 안타까워하시는가 보다'라고 생각하게 되었다. 그런데 왜 내게 그런 생각들을 주시는 것인지 알 수 없어서, 그저 "하나님이 원하시는 일에 제가 할 수 있는 것이 있다면 하겠습니다"라고 말씀드리곤 했다.

답답한 마음에 이 책 저 책, 이름이 잘 알려진 교회들의 평신도 사역에 관한 책들을 읽어 나갔다. 그러던 어느 날 '구역 조직을 가정교회로 바꾸라'라는 최영기 목사님의 저서를 읽고 난 후에 흥분을 가라앉힐 수 없었다. 책 속에서 '이 교회는 보석들이 땅속에 파묻혀 있지 않고, 다 캐내어 지고 닦여져 귀하고 적절하게 사용되고 있다'는 내용을 읽으며, 내가 찾는 답이 거기에 있다는 생각이 들었기 때문이었다. 더구나 삶을 송두리째 드리며 목회자나 선교사로 헌신을 하지 않은 평신도들, 나같이 볼품없는 질그릇과 같은 사람도 하나님 나라의 일에 도구로 쓰임 받을 수 있다는 희망에 가슴이 부풀어 올랐다.

그 후, 2001년에 하나님께서는 우리 부부를 휴스턴으로 이주하게 해주셨고, 2003년부터 목자와 목녀로 헌신, 목장 사역을 시작하게 됐다. 목장 사역을 하면서 주위의 다른 목자나 목녀들은 물론 미국의 다른 지역들, 다른 나라 심지어 선교지에서도 목자들이 목장 사역을 하는 가운데 우리와 동일한 성령님의 일하심을 체험하기도 하고, 동시에 유사한 문제들과 어려움들을 겪어나가는 매우 비슷한 간증들이 있다는 것을 알게 되었다. 이렇게 어느 곳에서든지 목장 사역을 하며, 영혼구원의 싸움을 하는 동안에 흔히 일어날 수 있는 일들 가운데 목회자나 전문가의 도움 없이 평신도가 해결할 수 없는 특수한 경우들은 제외하고, 목자들이 공통적으로 겪는 10가지 문제 사례를 정리해 보았다.

그리고 가정교회의 모습이 잘 드러나 있는 서신서들을 통해서, 이 문제들을 하나님의 어떤 시각으로 봐야 할지, 성경에서는 어떤 지침을 주고 있는지를 정리해 보곤 했다. 또 이런 것들을 목자와 목녀들이 함께 나누고 공감하는 시간이 있으면 좋겠다는 바람을 갖게 됐고, 성경을 기초로 목장 사역의 기반을 든든하게 세우는 삶공부가 있으면 좋겠다고 생각했다. 그래서 최영기 목사님의 감수를 받아 목자 목녀의 삶공부 교재를 만들고, 목자 목녀의 삶공부를 인도하게 되었다.

13주 동안 매주 만나 우리가 겪는 문제나 어려움들을 함께 나누고, 우리가 어떤 옛 속성으로 반응을 하곤 했는지를 점검했다. 철저한 자기 점검을 위해 외부의 문제 해결보다는 속사람의 문제에 집중했고, 13주 동안 하나님께서 나를 보시는 그 시각으로 우리가 자신들을 볼 수 있기를 공동의 기도 제목으로 설정해 함께 기도했다. 그러는 가운데 성령님께서 앞서가시며 우리가 미처 생각하지 못했던 것들을 조명하고 도와주시는 것들을 체험했다. 또한 목자들이 서로의 노하우도 배워가며, 우리에게 주어진 사명과 그것을 가로막는 장애물들이 우리 안에 어떻게 자리하고 있는지를 매주 점검해 볼 수 있었다.

바라기는 이 교재가 목장 사역을 해가는 동안, 목자와 배우자들이 아름다운 성령의 열매와 사역의 열매를 풍성하게 맺을 수 있도록 재정비되고, 예수님과의 관계를 더욱 든든히 세워가며, 비바람이 불고 홍수가 나도 복음과 예수님의 반석 위에 무너지지 않는 견고한 집을 지어 가는 데에 조금이나마 도움이 되기를 기대한다.

평신도를 일으켜서 영혼구원에 쓰임 받을 수 있도록 가정교회 운동을 일으키신 최영기 목사님, 교재를 출판하라고 권해 주시고 후원해 주신 이수관 담임 목사님, 목자 목녀의 삶 과목이 지속되도록 목회자 컨퍼런스에서 강의 하느라 애쓰시고, 항상 격려해 주시는 김석만 목사님, 김인기 목사님을 비롯해서 하나님이 기뻐하시는 교회를 세우기 위해 좁은 길을 묵묵히 걸어가시는 세상의 모든 가정교회 목회자들과 사모님들, 선교사님들, 목자와 배우자들께 머리 숙여 존경을 드린다.

우리 부부에게 가까이서 늘 귀한 가르침을 삶으로 보여주는 분들은 우리 교회에서 목장 사역을 하는 목자 부부들이다. 사역이 순조롭거나, 어려움이 닥치거나, 남들이 알아주건 말건, 열매가 풍성히 맺히건 침체되건 상관없이 한결같이 그 자리를 지키고 있는 이 동역자들이 아니었다면, 우리 교회는 영혼구원해서 제자 삼는 사명으로 한 덩어리가 될 수 없었을 것이고, 선한 영향력도 끼칠 수 없었을 것이다. 이들과 동고동락하며, 서로 배우고 도전받으며, 함께 위로하고 격려하고 기도하며 여기까지 올 수 있었다. 너무나 귀하고 자랑스러운 휴스턴 서울교회의 동역자들에게 감사하며, 무엇보다도, 아주 오래전에 우리 목자들까지도 배려해 주셔서, 목장 사역의 매뉴얼로 삼기에 부족함이 없도록 서신서들을 준비해 주신 하나님께 경배를 드린다.

복사한 교재로 삶공부를 이어오던 중에 국민북스에서 공과책으로 출판이 되도록 적극 도와 주신 것에 심심한 감사를 드린다

"정신을 차리고, 깨어 있으십시오. 여러분의 원수 악마가, 우는 사자 같이 삼킬 자를 찾아 두루 다닙니다. 믿음에 굳게 서서, 악마를 맞서 싸우십시오. 여러분도 아는 대로, 세상에 있는 여러분의 형제자매들도 다 같은 고난을 겪고 있습니다. 모든 은혜를 주시는 하나님, 곧 그리스도 안에서 여러분을 자기의 영원한 영광에 불러들이신 분께서, 잠시동안 고난을 받은 여러분을 친히 온전하게 하시고, 굳게 세워 주시고, 강하게 하시고, 기초를 튼튼하게 하여 주실 것입니다. 권세가 영원히 하나님께 있기를 빕니다. 아멘." (베드로전서 5:8-11)

2024 봄, 휴스턴에서

이 명 희

참고 사항

이 교재는 성경 지식을 쌓기 위한 공부 책이 아닙니다. 영혼구원해서 제자를 삼는 목장 사역을 하는 가운데 겪는 문제들, 의문, 실패, 좌절, 영적 싸움 등의 경험들을 6~10명 정도의 소그룹으로 함께 나누기 위한 교재입니다. 특히 옛 속성에 끌려다니기를 거부하며 새 속성으로 돌아서는 선택과 순종의 훈련, 성경에서의 지침을 바탕으로 해결해 나가는 방법과 실천 사항, 영적 전쟁을 이기는 지혜와 예수님과의 관계회복을 위한 경건 생활과 훈련 등을 13주 동안 목자와 배우자들이 함께 훈련하기 위한 삶공부 교재입니다.

사역의 경험이 없는 목자들에게는 또 다른 지식으로만 끝나는 시간이 될 뿐이고, 도움이 되지 않을 수 있습니다. 적어도 2~3년간 영적 최전방에서 영혼구원을 위해 믿지 않는 VIP도 섬겨보고, 그 가운데 애매한 일을 당하거나 시련도 경험하고, 초심이 식어간다는 생각이 들거나, 타성에 젖어간다는 위기의식을 느낀 목자와 목녀들이 새롭게 자세를 재정비하려 할 때 도움이 될 것입니다.

'인도자 가이드'는 가정교회 사역원에서 주최하는 목회자와 선교사를 위한 가정교회 컨퍼런스의 목자 목녀의 삶 인도자 과정을 수강하신 분들에게 나누어 드리고 있습니다.

가시나무와 열매맺는 나무

히브리서 6장 7절 - 8절

땅이 자주 내리는 비를 흡수하여 농사짓는 사람에게 유익한 농작물을 내 주면, 그 땅은 하나님께로 부터 복을 받습니다. 그러나 가시덤불과 엉겅퀴를 내면, 그 땅은 쓸모가 없어지고, 저주를 받아서 마침내는 불에 타고 말 것입니다.

요한복음 15장 6절 - 8절

사람이 내 안에 머물러 있지 아니하면, 그는 쓸모 없는 가지처럼 버림을 받아서 말라 버린다. 사람들이 그것을 모아다가, 불에 던져서 태워 버린다. 너희가 내 안에 머물러있고, 내 말이 너희 안에 머물러 있으면, 너희가 무엇을 구하든지 다 그대로 이루어질 것이다. 너희가 열매를 많이 맺어서 내 제자가 되면, 이것으로 내 아버지께서 영광을 받으실 것이다.

목장 식구들이 나눔을 하거나 기도 제목을 내어 놓는 것을 보게 되면, 자신의 신앙성장이나 속사람에 관한 문제보다도 많은 경우에 외적인 문제 해결에 집중하고 있는 것을 발견하게 된다. 이와 마찬가지로, 목자와 목녀들의 기도가 상대의 변화나 목장에 닥친 어려움, 문제 해결을 우선하고 있다면, 자기 성찰, 속사람의 변화, 복음 전파, 하나님의 뜻을 발견하기 위한 기도들과 균형을 맞추어 가는 것이 바람직하다.

가시나무의 뿌리가 심겨있는 토양은 옛 속성을, 열매 맺는 나무의 뿌리의 토양은 새 속성을 나타낸다. 그런데 우리가 지속적으로 자신을 점검하며 죄성을 십자가에 쳐서 복종시키기 위해 거슬러 싸워나가지 않으면, 어느새 옛 속성으로 돌아가서 우리의 삶 가운데 아름다운 열매 대신에 엉겅퀴와 가시가 돋아나고, 열심히 하더라도 예수님께서 드러나시고 하나님께 영광이 돌려지는 사역이 아닐 수도 있다.

포도나무이신 예수님께 붙어 있으면, 자동적으로 열매를 맺게 될 터인데, 그 열매는 두 가지로 첫째는 성령의 열매 즉 성품과 삶의 변화이고, 둘째는 사역의 열매 즉 영혼을 구원해 제자 삼는 것이다.

우리는 '하나님이 그렇게 간절히 원하시는 영혼구원해서 제자 삼는 일을 맡겨주시고도, 왜 사역이 순조롭게 풀려나가게 하지 않으시고, 마음대로 움직여 주지 않는 사람들이나 상황으로 인한 어려움들과 고충을 허락하시는 것일까' 하고 생각할 때도 있고, '하나님은 이러한 난관 가운데 우리에게 무엇을 원하시는 것일까' 하는 질문을 하게 될 때도 있다. 아마도 하나님은 우리에게 이 두 가지 열매를 모두 기대하시기 때문일 것이다.

1과에서 바울이나 스데반 같은 제자들의 바른 모델의 예를 제시했는데, 예수님 안에는 그러한 비밀과 능력이 있음과 우리 모두에게도 이러한 가능성이 있음을 하나님이 약속하셨고, 그것은 또 우리 자신들의 선택이기도 하다. 하나님은 우리 모두를 창조하셨던 원래의 모습으로 회복시키시려는 높은 '기대'를 갖고 계신다. 그래서 우리들은 자신들을 과소평가하거나 성령님을 제한하면 안 된다. 그리고 사역을 통해서 하나님은 우리가 영혼구원의 도구로 쓰여지는 것뿐 아니라, 목자와 목녀 자신들도 아름답게 변화되기 원하신다.

우리가 살아가는 동안이나 사역을 하면서 불평, 원망, 미움, 절망 등의 가시가 돋아나고 있다면, 지금 자신의 속사람(뿌리)의 문제가 있으며 예수님과의 관계에 문제가 생겼다는 신호가 온 것임을 속히 깨달아야 한다. 그리고 반복해서 새 속성으로 돌이켜야 한다. 이것이 예수님과 늘 가까이할 수 있는 비결이다.

하나님께서는 우리를 자신의 형상으로 다시금 회복시키기 위해서 지금도 쉬지 않고 일하고 계신다. 성경 여러 곳에 "오래 참고 인내하라"는 말씀이 있는데, 우리는 내 마음대로 안 되는 사역과 쉽게 변하지 않는 목장 식구들 때문에 인내를 훈련할 수 있게 된다. 또한, 우리 안에 예수님의 겸손과 사랑, 긍휼하게 여기는 마음이 없다는 것을 깨닫게 되어 스스로의 변화를 갈망하게 되고, 하나님이 예비하신 여정을 순종함으로 따라가게 된다. 목장 사역은 비록 넓고 평탄한 길은 아니지만, 예수님과 동행할 수 있는 가치 있는 선택이다. 목장은 하나님의 말씀을 실천하고 스스로가 단련될 수 있는 최고의 훈련장이다. 사역을 하다 보면 결국 목자와 목녀 자신이 최고의 수혜자임을 고백하게 될 것이다.

삶공부 진도표

첫째 주:	소개	13
둘째 주:	피해자인가, 사명자인가?	14
셋째 주:	이기심인가, 참된 섬김인가?	20
넷째 주:	내 제자인가, 예수님의 제자인가?	28
다섯째 주:	권위주의인가, 종의 자세인가?	34
여섯째 주:	자기의인가, 하나님 관점인가?	40
일곱째 주:	멀쩡한 포로인가, 영광스런 부상자인가?	47
여덟째 주:	내 능력인가, 하나님의 방법인가?	54
아홉째 주:	결과인가, 동기인가?	61
열째 주:	문제가 큰가, 하나님이 크신가?	67
열한째 주:	눈 앞의 것인가, 영생인가?	73
열두째 주:	Case Study	80
열세째 주:	재파송	86

 ## 과제

1. 다음 주에 공부할 단원을 예습하고 답을 적어온다.
2. 고린도전서로부터 시작해서 서신서들을 순서대로 매일 한 장 이내, 일주일에 4일 이상, QT 한 것을 적어온다.
3. 전 주에 새롭게 깨달은 것과 실천하기로 결심한 것들을 실천해 보고, 구체적으로 적어온다.
4. 암송구절을 외워온다.

암송구절 (새번역)

1과 (고후 5:15)

그런데 그리스도께서 모든 사람을 위하여 죽으신 것은, 이제부터는 살아있는 사람들이 자기 자신들을 위하여 살아가도록 하려는 것이 아니라, 자기들을 위하여서 죽으셨다가 살아나신 그분을 위하여 살아가도록 하려는 것입니다.

2과 (고전 10:33)

나도 모든 일을 모든 사람의 마음에 들게 하려고 애씁니다.
그것은, 내가 내 이로움을 구하지 않고, 많은 사람의 이로움을 추구하여 그들이 구원을 받게 하려는 것입니다.

3과 (갈 1:10)

내가 지금 사람들의 마음을 기쁘게 하려 하고 있습니까? 아니면 하나님의 마음을 기쁘게 해드리려 하고 있습니까? 내가 아직도 사람의 환심을 사려고 하고 있다면, 나는 그리스도의 종이 아닙니다.

4과 (벧전 3:8)

마지막으로 말합니다. 여러분은 모두 한마음을 품으며, 서로 동정하며, 서로 사랑하며, 자비로우며, 겸손하십시오.

5과 (약 1:22)

말씀을 행하는 사람이 되십시오. 그저 듣기만 하여 자신을 속이는 사람이 되지 마십시오.

(엡4:29)

나쁜 말은 입 밖에 내지 말고, 덕을 세우는 데에 필요한 말이 있으면, 적절한 때에 해서, 듣는 사람에게 은혜가 되게 하십시오.

6과 (딤후 2:3)

그대는 그리스도 예수의 훌륭한 군사답게 고난을 함께 달게 받으십시오.

7과 (고후 12:10)

그러므로 나는 그리스도를 위하여 병약함과 모욕과 궁핍과 박해와 곤란을 겪는 것을 기뻐합니다. 내가 약할 그 때에 오히려 내가 강하기 때문입니다.

8과 (딤후 4:2)

그대는 말씀을 선포하십시오. 기회가 좋든지 나쁘든지, 꾸준하게 힘쓰십시오. 끝까지 참고 가르치면서, 책망하고 경계하고 권면하십시오.

9과 (빌 3:10)

내가 바라는 것은, 그리스도를 알고, 그분의 부활의 능력을 깨닫고, 그분의 고난에 동참하여, 그분의 죽으심을 본받는 것입니다.

10과 (고후 4:18)

우리는 보이는 것을 바라보는 것이 아니라, 보이지 않는 것을 바라봅니다. 보이는 것은 잠깐이지만, 보이지 않는 것은 영원하기 때문입니다.

서 약 서

목자 목녀의 삶을 수강하는 과정 가운데,

반원 상호 간에 서로의 사역을 존중하며,

강의 도중에 나누어진 나눔이나 간증의 내용에 대하여

비밀을 지켜주고, 다른 사람들에게

옮기지 않을 것을

하나님 앞에서 맹세합니다.

서명 _____

 **첫** 시간 _ 자기 소개

이름

직분 목자 (　)　대행목자 (　)　초원지기 또는 배우자 (　)　목녀 (　)　목부 (　)　기타 :

사역 기간　　　　　　　년　　　　　　개월

사역하는 가운데 가장 보람이 있었던 일은 무엇이었습니까?"

현재 사역 가운데 어려움이 있다면? 목장 식구의 문제, 배우자와의 문제, 동역자나 목회자와의 문제, 여건의 어려움, 사역의 열매가 없는 것… 중에 가장 힘든 문제의 내용을 구체적으로 적어보시기 바랍니다.

이번 삶공부를 통해서 기대하는 것은 무엇입니까?

1. 피해자인가, 사명자인가?

사례

외출하는 길이나 가끔은 수퍼에서도 마주치곤 하는 어떤 젊은 부인이 있었습니다. 이웃들의 말에 의하면 그가 교회에는 안 다니고 있는 것 같았고, 붙임성도 있고, 성격이 좋다고 했습니다. 우리가 목장 사역을 시작하긴 했는데, 섬김의 부담만 있지, 아직 한 명도 VIP를 목장으로 인도하지 못했는데, 혹시 목장 식구를 늘일 수 있는 기회가 아닐까 생각이 되었습니다.

어느 날, 그 아기 엄마와 떡집에서 마주쳤습니다. '이게 기도 응답인가' 하는 생각이 들어서 용기를 내어 말을 건넸고, 이런저런 이야기 끝에 산달이 가까워가는데 산바라지 때문에 걱정이라는 이야기가 나왔습니다. 생각지 않게 셋째 아이를 임신하고 출산을 해야 하는데, 친정어머니는 중풍으로 누워계시고, 마땅히 도와줄 사람이 없다는 것입니다.

저는 이때다 싶어 제가 국도 끓여주고, 아기 목욕도 시켜주는 등 좀 도와주겠다고 했습니다. 그랬더니 너무나 고마워하며, 그렇게 해 주면 그 신세는 꼭 갚겠다고 좋아했습니다.

그렇게 해서 그 아기가 이제는 백일이 되었습니다. 식구들을 초대해서 잔치를 한다기에 음식 장만하는 것을 도와주었더니, 아기 아빠가 친형제나 자매도 그렇게까지는 못할 것이라며 눈물을 글썽이며 고마워했습니다. 저는 용기를 내어 목장 모임에 초대하며 "우리 남편도 만나고 싶어 한다"고 하니 꼭 온다고 했습니다.

이 부부는 교회 모임이라는 것을 알아차렸겠지만, 별 거부감 없이 3주째 계속 목장에 나왔고, 다른 식구들과도 잘 어울렸습니다. 그러다가 4주째 접어들 때는 주일에 교회에도 나왔습니다. 저는 목녀가 된 후에, 처음으로 얻은 전도의 열매라서 정말로 시간과 물질 등을 아끼지 않고 섬겼고, 아기들을 봐주곤 하며 '이것이 섬김의 기쁨이구나'라고 생각했습니다. 그리고 이렇게 붙임성 좋은 부부를 보내주신 하나님께 감사했습니다.

그러다 두어 달 지난 후, 그 아기 엄마가 긴히 할 말이 있다고 했습니다. 좀 불길한 예감이 저를 스치고 지나가며 마음이 철렁 내려앉았습니다. 아니나 다를까, 자기 큰 딸애가 우리 목장에는 놀 친구가 없어서 목장 모임에 오기를 너무 싫어한다며, 다른 목장에도 좀 가보고 싶다는 것이었습니다. 제 머릿속은 순간 너무나 복잡했지만, "그러고 싶으면 몇 군데 다녀보라"고 대답할 수밖에 없었습니다. 하지만 후에 알고 보니, 사실은 자기 고등학교 동창생인 한 목녀를 교회에서 만나게 되어 그 목장으로 가고 싶은 마음이 생기게 되었고, 딸아이 핑계를 댄 것을 알았습니다. 저는 배신감과 그 목녀에 대한 괘씸한 생각으로 마음이 너무나 힘들었고, 많은 상처를 받았습니다.

✜ 목장 식구나 VIP를 열심히 섬기다가 헛수고나 배신감을 느꼈던 경우가 있었거나, 앞으로 비슷한 일을 겪게 된다면 어떨지를 적어보십시오.

✜ 이 사례와 같은 실망되는 일이 생겼을 때, 머리에 떠오를 생각들은 어떤 것일까요?

1. 이런 사람은 아예 처음부터 보내주지 말았어야 한다고 하나님을 원망한다
2. 그동안 쓴 시간과 돈을 생각하며 억울해한다.
3. 분을 내고 쏘아붙이거나, 다른 사람들에게 떠벌이고 싶다.
4. 그 사람이 영혼구원받도록 잠시나마 쓰임 받은 것에 대해 감사한다.
5. 기타 :

✜ 그러한 사람들에게 현재 어떻게 대하고 있습니까?

1. 상대 못할 사람이라는 생각으로 관계를 끊고, 잊으려고 한다
2. 겉으로는 아무렇지 않은 척 인사는 하며 지내지만, 상처가 남아서 원망하며 지낸다.
3. 맞서서 부딪치거나 다툼을 했기 때문에 서로 피하며 지내고 있다.
4. 그 문제에 대해 건설적인 대화를 나누거나 권면할 기회를 만들려고 노력한다.
5. 지금이 그 사람에게 그리스도인의 다른 면을 보여줄 기회라고 생각하고 행동한다.
6. 기타 :

✜ 이 목녀는 어떠한 동기로 VIP를 섬겼을까요?

1. 목장 식구를 늘리려고
2. 영혼을 사랑해서

✜ 이러한 모든 일을 보고 계신 하나님은 어떠한 분입니까?

(잠 15:3)

(시 91:14)

✜ 다음 구절에서 예수님은 우리에게 어떤 사람까지도 사랑할 수 있다고 하십니까? (마 5:43-46)

✜ 누가 우리에게 하나님의 말씀을 의심하고 거역하도록 거짓말하고 있습니까? (창 3:4-5)

✜ 우리는 잘못한 일이나 불순종을 변명하기 위해서 무엇을 하곤 하나요? (창 3:12)

✜ 우리가 억울한 일을 당했다 할지라도 기뻐할 수 있는 이유는 무엇입니까?

(욥 6:10)

(딤후 1:12)

✜ 다음 구절을 전도와 제자양육의 과정에 비교해서 어떻게 말할 수 있습니까? (고전 3:5-9)

✜ 바울은 어떤 상황에서 그리스도의 일꾼으로서 사명을 이루어 나갔나요? (고후 11:23-27)

✜ 스데반은 어떤 상황에서 복음을 전하는 사명을 이루어 나갔나요? (행 7:54-60)

✜ 주님을 따르고, 성경 말씀에 순종하면 결과적으로 어떻게 될 것이라고 합니까?

(마 16:25)

(갈 5:16)

(빌 1:27-28)

(딤후 2:11-13)

(딤후 3:16-17)

(벧후 1:4-8)

1. 피해자인가, 사명자인가?

분노 / 원망 / 자기연민 / 책임전가
스스로 속임(Self Deception) / 쓴 뿌리

충성 / 기쁨 / 조건 없는 섬김
너그러움 / 은혜와 덕을 끼침

계산적 / 자기 열심

사명 / 영혼 사랑

✟ 새롭게 느낀 것이나 실천하기로 결심한 것을 적어보십시오.

✟ 1주일 동안 실천했던 것을 적어보십시오.

암송구절: 고후 5:15

QT note

2. 이기심인가, 참된 섬김인가?

사례 1

목자의 스토리

우리 목장에는 불신자나 초신자들이 대부분이지만, 그래도 그중에 신앙생활의 연륜이 제일 오래된 한 부부가 있습니다. 저는 이 부부가 저의 동역자가 되어 다른 목장 식구들을 섬기며 본을 보여주기를 바랬습니다. 하지만, 이 부부는 목장에서 가장 저를 힘들게 하고, 제 신경에 거슬리는 사람들입니다. 우선 걸핏하면 목장 모임에 빠집니다. 그리고 남편은 목장 모임에 와도 졸고 앉아 있기 일쑤이고, 자매는 나눔 시간에 자기 차례가 되어도 별로 할 이야기가 없다며 입을 다물고 앉아 있곤 해서 나눔 시간의 분위기를 망치곤 합니다. 그러더니, 이제는 잇따라 3주째 목장 모임에 오지 않고 있습니다. 물론 사업이 잘되지 않아서 힘이 드는 것은 알지만, 그럴수록 믿음으로 극복하고 더 열심히 목장에도 참석하고, 기도해야 하는 것 아니겠어요?

사례 2

목장 식구의 스토리

저희도 예전엔 정말 마음이 뜨거워서 신앙생활을 잘하고 봉사도 열심히 해야겠다고 마음을 먹은 적도 있었습니다. 하지만 요즘엔 생활 자체가 너무 힘들다 보니, 하나님이 아주 먼 곳에 계신 것 같이 느껴질 뿐입니다. 물론 이것은 누구를 원망할 일이 아니라, 경솔하게 새 사업체를 열기로 결정한 우리의 잘못인 것을 알고 있습니다. 그렇지만 요즘 상황은 정말 하루하루를 지탱해 나가기가 힘이 듭니다. 남편과도 걸핏하면 다투게 되고, '이러다가 우리가 어떻게 되는 것 아닐까' 하는 두려움만 생깁니다. 매상은 날이 갈수록 줄어서 이제는 식료품 살 돈을 걱정해야 하는 지경입니다.

목장에 가면, 다른 사람들은 쇼핑이나 골프치는 이야기를 하는 등 우리와는 너무 먼 세상의 여유로운 사람들입니다. 온종일 서서 종종걸음을 친 우리는 입을 열어 이야기할 기운조차 없습니다. 목자님께도 마음에 부담만 드릴 것 같고, 이렇게까지 어려운 상황인 것을 말할 기회가 없었습니다. 그저 세상만사가 다 귀찮고, 늦은 시간까지 밥도 못 먹고 기다리는 아이들과 집에서 쉬고만 싶을 뿐입니다.

✣ 목장 사역에 영 도움이 안 되거나 오히려 방해가 된다고 생각이 들었던 목장 식구가 있었다면 그 사례를 적어보십시오.

✣ 이 사례의 목자의 관심은 무엇일까요?

    1. 목장 운영

    2. 목장 식구의 어려움과 아픔

✣ 다음 성경 구절에 따르면, 힘들게 하는 목장 식구들을 어떻게 대해야 할까요?

    (마 5:39)

    (마 5:44-48)

    (갈 5:13)

    (엡 4:1-3)

    (엡 4:32)

    (골 3:12-14)

    (살전 5:14-15)

본인의 목장에 이런 식구가 있다면 어떻게 대할 것 같은가요?

   1. 목장에 방해만 되고 본이 안되니까, 당분간 내버려 둔다.
   2. 어려울 때 기도하지 않는 게 답답해서, 새벽기도라도 좀 하라고 충고한다.
   3. 나눔 시간에 어려운 상황을 구체적으로 물어보고 충고해 준다.
   4. 개인적으로 만나서 도와줄 것은 없는지, 힘든 이야기를 들어 보고, 공감하며 함께 기도한다.
   5. 기타 :

 섬김의 원칙은 무엇일까요? 아래 보기를 참고해서 자신의 원칙을 만들어 보십시오.

   1. 상대에게 필요한 것이나 요구하는 것을 채워준다.
   2. 내가 즐겨하고 잘 할 수 있는 것을 해준다.
   3. 목장과 교회에 대해 좋은 인상을 줄 수 있는 것을 해준다.
   4. 상대에게 신앙적으로 유익이 되고, 하나님께 가까이 갈 수 있도록 기도하며 도와준다.
   5. 늘 주기만 하기 보다는 본인의 성장을 위해서 섬기는 훈련도 시키고, 남들에게 피해가 되거나,
      무리한 요구는 훈계하거나, 때로 거절도 하며, 제자로 세워간다.

   ◎ 나의 섬김의 원칙

✢ 어떤 경우에는 본인이나 공동체의 유익을 위해서 예외일 수 있을까요?

(고전 5:1-13)

(살전 4:3-12)

(딛 1:10-15, 3:9-11)

(유 1:3-16)

✢ 목장을 필요로 하는 사람들은 어떤 부류의 사람들인가요? (마 9:13, 눅 19:10)

✢ 예수님은 우리에게 어떤 사람들을 섬기라고 하시나요? (눅 14:12-14)

1. 우리에게 필요하거나 유익이 되는 사람들
2. 우리 목장에 잘 어울릴 사람들
3. 소외되고 되갚을 수 없는 사람들
4. 목장과 예수님이 필요한 사람들
5. 기타 :

✜ 자신이 목장 식구들 가운데서 더 가까이 지내려고 하는 사람들은 어떤 부류입니까?

    1. 믿음이 전혀 없는 VIP

    2. 신앙이 약하고, 도움이 많이 필요한 사람

    3. 힘들게 하고, 마음대로 잘 움직여 주지 않는 사람

    4. 나를 잘 도와주고 따라주는 사람

    5. 기타 :

✜ 자신은 배경이나 나이가 맞지 않는 사람들, 익숙하지 않은 사람들과도 어울리려고 노력하는 편인가요? 아니라면, 그 이유는 무엇일까요?

✜ 전도와 진정한 섬김을 위해서는 자신에게 어떤 자세가 좀 더 필요하다고 생각합니까?

✜ 다음 성경 구절에 따르면 사역을 하는 가운데 어떠한 불순한 동기들이 있을 수 있을까요?

    (요 10:12-13)

    (고전 2:1-4)

    (빌 2:3)

    (살전 2:6)

✝ 다음 성경 구절의 내용을 자신과 목장 사역에 적용해서 기도를 적어본다면?

(시 139:23-24 / 자기 성찰)

(엡 6:19 / 복음 전파)

(골 1:9-12 / 영적 성장)

(요1서 5:14 / 하나님의 뜻을 구함)

휴스턴 서울교회 목장 모습

2. 이기심인가, 참된 섬김인가?

조급함 / 미움 / 무정함 / 편견
불화 / 공감부족 / 충고와 정답주기 / 상처

친절 / 긍휼 / 인내 / 세워줌 / 희생
경청과 공감 / 섬김의 생활화

자기 중심적

다른 사람의 유익

✻ 새롭게 느낀 것이나 실천하기로 결심한 것을 적어보십시오.

✻ 1주일 동안 실천했던 것을 적어보십시오.

암송 구절: 고전 10:33

QT note

3. 내 제자인가, 예수님 제자인가?

사례 1

　우리가 목자와 목녀가 되어서 분가를 한지도 반년 정도가 되었습니다. 이제는 목자로서 어색하기만 하던 고비를 넘기고 목장 모임을 잘 인도할 정도로는 익숙해진 것 같습니다.
　하지만 아직도 저를 힘들게 하는 것이 있습니다. 그것은 다름이 아니라, 이전 목자님이 계속해서 분가해 나온 우리 목장 식구들에게 전화를 하거나 만나주고, 자기가 그 사람들의 일에 간섭을 하면서 여전히 목자 노릇을 하려고 하기 때문입니다.
　그동안 이 사람들을 전도하고 목장을 키우기 위해서, 얼마나 많은 애를 썼는지는 우리도 잘 알고 있습니다. 하지만 일단 우리에게 맡겨서 내어 보냈으면, 이제는 더 이상 간섭을 말고, 우리들에게 일임해야 하는 것이 아닐까요? 게다가 우리 목장 식구들은 여전히 먼저 목자님과 목녀님을 잊지 못하고 있고, 우리에게는 그만한 존경심으로 대해 주지 않습니다. 무슨 일이 있으면 먼저 목자와 목녀에게 연락을 하고, 심지어는 우리에 대한 불만까지도 이야기하는 눈치입니다. 먼저 목자에게 하던 것과 우리에게 대하는 태도들이 너무나 달라서 정말 자존심이 상합니다.

사례 2

　목장 사역을 하다 보면, 목장 식구들 간의 문제로 힘든 경우가 많이 있어요. 자매들이 목장 밖에서 끼리끼리 만나고 다니며 패를 가르기도 하고, 다른 사람들의 말을 전해서 문제를 일으키곤 하는데 저는 이런 일을 어떻게 감당해야 할지를 모르겠어요.
　목자와 목녀에게는 자기가 맡겨 놓은 것 찾아가듯이 당연하게 무리한 요구를 하기도 하고, 또 요즘 부모들은 자기 자녀가 다른 집 아이들을 때리거나, 남의 집 물건을 함부로 만지거나, 건드려서 망가뜨리곤 해도 도무지 야단을 칠 줄을 모르는 거예요. 맞은 아이 엄마에게는 저희가 미안해서 사과하고 절절매는 것을 보면서도, 본인은 어쩌면 그렇게 태연한지 모르겠어요. 그저 자기 아이들만 귀한 줄 알지 도무지 예의를 가르칠 줄을 모르는 것이 답답합니다. 어떨 때는 한마디 해주고 싶지만, 그랬다가는 제게 시험이 들거나, 목장에 안 나온다고 할까 봐서 어쩔 수 없이 그냥 넘어가곤 합니다.

✚ 목장 사역 가운데서 집착하거나 방치하는 문제로 어려움이 있었던 경우가 있었으면 적어보십시오.

✚ 우리의 목장, 목장 식구들의 주인은 누구인가요?

(엡 1:22-23)

(빌 1:18, 2:21)

✚ 우리의 사역은 어떤 기초위에 세워져야 할까요? (고전 3:10-15)

✚ 우리들에게 목자/목녀의 직분을 맡기신 것은 무엇을 위함인가요? (엡 4:11-12)

✚ 목장 식구가 누구를 의지하고 따르도록 도와야 할까요? (요 3:30)

목장 식구들이 자신의 영향력 안에 있기를 원하는 경우가 있나요?

1. 목장 식구가 다른 목자나 목장 식구들과 어울려 다니면 불쾌하다.
2. 목장 식구가 목장에서 내가 아닌 다른 식구와 더 가까이 지내서 마음이 상한다.
3. 분가해서 내보낸 목자가 목장 식구들에게 하는 것이 마음이 안들고 간섭하고 싶다.
4. 목장 식구나 분가한 목자가 모든 일에 내게 상의를 하지 않으면 서운하다.
5. 기타 :

 목자와 목장 식구들은 서로에게 어떠한 의무가 있나요?

(골 3 :16)

(살전 2:12)

(딛 2:1-5)

 다음 구절에서 권면은 무엇에 근거해서 해야 한다고 하고 있나요? (엡 4:15)

 목장 식구가 자신이나 다른 식구들에게 해가 되는 잘못을 해도 목장을 떠나거나 나를 싫어하는 것이 두려워서 방치한 경우가 있었나요?

✜ 목장 식구의 유익을 위해서는 위험부담을 감수하고도 바른 말을 해준 경우가 있나요? 그 예를 하나 들어본다면?

✜ 다음 구절들에 의하면, 목자/ 목녀로서 바르지 못한 자세는 어떤 것일까요?

    (고전 3:3-4)

    (고전 14: 32-40)

    (갈 4:17)

    (살전 2:3-6)

✜ 하나님을 기쁘게 하지 않고 계속해서 사람의 환심을 사려고 하면, 누구의 종이 될까요?

    (갈 1:10)

✜ 선한 목자는 누구의 유익을 구하여야 할까요? (요 10:7-18)

✜ 모든 사역의 결과는 어떻게 되어야 할까요? (고전 14:26)

3. 내 제자인가, 예수님 제자인가?

아첨 / 사람의 종 / 질투 / 방관
내 제자 / 영적인 어린아이

자유함 / 절제 / 격려 / 사랑으로 권면
예수님의 제자 / 건강한 관계

사람의 환심 / 자기만족

동역자 세우기 / 하나님의 영광

✠ 새롭게 느낀 것이나 실천하기로 결심한 것을 적어보십시오.

✠ 1주일 동안 실천했던 것을 적어보십시오.

암송구절: 갈 1:10

QT note

4. 권위주의인가, 종의 자세인가?
(율법인가, 은혜인가?)

사례

저는 목장 식구들을 좀 잡는 편입니다. 왜냐하면, 목자는 권위가 있어야 하고, 또한 목장에는 위계질서가 반드시 있어야 한다고 생각을 하기 때문입니다. 목자가 삶공부를 하라면 하고, 영접모임에 들어가라면 들어가고, 목장 식구들도 자신의 영적인 리더에게 순종하는 것이 본인들에게도 이득이 된다고 생각하고 있습니다.

그런데, 요즘에는 새로 들어온 한 가정 때문에 너무나 열을 받습니다. 그 사람은 저를 무시하는 것 같고, 목자로서의 권위도 인정하지 않는 것 같습니다. 목장에서 제가 낸 의견에 툭하면 반론을 제기하고, 자기주장을 내세웁니다. 그리고 제게 뭐든 상의하고 미리 알려주는 법이 없습니다. 다 지난 후에 저는 맨 마지막으로 다른 사람들에게 들어서야 일어났던 일을 알게 되는 때가 많습니다. 이러다가 목장의 다른 식구들까지도 나쁜 영향을 받을까 봐 걱정스럽습니다. 어떻게 하면 이 사람이 나를 존중하고 내 말에 고분고분 순종하게 만들지를 궁리하고 있는 중입니다.

✣ 자신이 목장 식구들에게 권위적으로 행동할 때가 있다고 생각합니까?
   해당되는 것에 모두 표기하시기 바랍니다.

   1. 목장 모임의 나눔 시간을 거의 내가 주도하고 답을 주는 편이다.
   2. 나는 목장 식구들에게 이래라저래라 지시하거나, 잔소리를 하는 편이다.
   3. 목장 식구들이 내 의견을 따라주지 않으면 화가 난다.
   4. 목장 식구들이 삶공부, 영접모임에 가도록 일률적으로 밀어붙이는 편이다.
   5. 목장 식구들이 나의 부족한 면이나 실수 등을 지적하는 것을 받아들이기 힘들다.
   6. 나는 목장 식구들이 약점이나 잘못한 것에 대해 곧바로 지적을 하는 편이다.
   7. 목장에서 결정사항을 주로 내가 정해서 하달하는 식으로 일을 진행시키는 편이다.

✣ 그렇게 행동하는 이유는?

   1. 목장 식구들에게 무시당하지 않고, 목장에 위계질서가 생기도록
   2. 목장 식구들보다는 내가 경험도 많고, 더 잘 안다고 생각해서
   3. 교회에서 시키는 것을 순종해서 하지 않는 태도가 하도 답답해서
   4. 목장 식구들이 내게 순종하는 것이 본인들의 유익이라고 생각하므로
   5. 기타 :

✣ 우리는 누구의 종/청지기이며, 누가 시키는 대로 해야 합니까? (마 24:45-51)

✣ 예수님은 어떤 목적으로 우리들에게 오셨습니까? (마 20:28)

✜ 예수님은 왜 모든 사람들에게 높임을 받았습니까? (빌 2:6-11)

✜ 다음 구절들에 의하면 어떻게 해야지 우리가 다른 사람들에게 존중을 받는다고 합니까?

　　(잠 16:7)

　　(마 18:4, 23:12)

✜ 섬길수 있는 마음과 힘은 누가 주십니까?

　　(골 1:27-29)

　　(벧전 4:10-11)

✜ 우리가 하는 언행과 섬김으로 누가 높이심을 받아야 합니까? (고전 10:31)

✜ 다음 성경 구절은 사랑의 어떠한 속성을 이야기합니까? (고전 13:5)

✜ 다음 구절은 목장 식구들을 어떻게 대하라고 합니까? (고후 1:24)

✜ 자신에게 고분고분 하지 않는 사람에게 다음 구절은 어떻게 하라고 합니까? (딤후 2:24-25)

✜ 성경에서는 어떠한 목양 자세를 지녀야 한다고 합니까?

(마 18:10)

(갈 4:19)

(갈 5:13)

(빌 2:3)

(살전 2:7-8)

(벧전 5:3-4)

✜ 위의 구절들에 따르면, 자신은 목장 식구들에 대하는 자세 가운데 어떤 점이 부족한가요?

4. 권위주의인가, 종의 자세인가?

고집 / 군림 / 말씀 오용 / 위축
외형적 변화 강요 / 신앙 퇴보 / 반발

겸손 / 온유 / 존중 / 긍휼
속사람의 변화 / 바른 본보기 / 화평

권위적 / 율법적

청지기 / 은혜를 끼침

✢ 새롭게 느낀 것이나 실천하기로 결심한 것을 적어보십시오.

✢ 1주일 동안 실천했던 것을 적어보십시오.

암송구절: 벧전 3:8

QT note

5. 자기의인가, 하나님 관점인가?

사례

저희 목장은 분가한 지 6개월 만에 다섯 가정이 모이게 되었습니다. 서로 모르고 지내던 사람들이 새롭게 만나서 잘 적응해 나가는가 싶더니, 자매들이 서로 맞지 않아서 저마다 목녀인 제게 와서 상대에 대한 불만을 털어놓기 시작했습니다.

그중에 C자매는 제가 생각해도 정말 자기 입장만 생각하는 이기적인 사람입니다. 목장 식구들이 함께 어떤 일을 결정하려 할 때에도 그대로 따라가는 적이 없습니다. 꼭 자기가 하고 싶은 대로 하고, 자기 고집만 내세우니까 아무것도 아닌 작은 일이 복잡해지곤 합니다. 그러다 보니 다른 자매들이 슬슬 그 C자매를 피하는 눈치가 보였습니다. 저도 마찬가지로 C자매와 대하는 일이 피곤하게 느껴지다 보니 그 자매와는 전화하거나, 만나는 것이 싫어지게 되었습니다.

C자매 때문에 다른 자매들이 목장을 재미없어하는 것 같아서 속이 상합니다. 자연히 C자매는 외톨이가 되었고, 점점 더 목장에 대하여 불만스러워하더니 결국 제가 C자매에게 대해 한 말이 다른 사람을 통해서 그 자매의 귀에 들어갔고, 이것이 화근이 되어서 상처를 받아, 그 가정은 목장을 떠났습니다.

✜ 현재 목장 안이나 주변 사람들 가운데, 못마땅한 생각이 들어서 험담을 하게 되는 사람이 있습니까? 사례를 적어 보십시오.

✜ 다른 사람들의 잘못을 참기 어려운 이유는 무엇인가요?

(마 18:32)

(고후 5:9)

(갈 6:1-3)

(벧전 4:8)

✜ 다른 사람을 정죄하면 누구의 역할을 가로채는 것일까요?

(롬 8:1-4, 14:4)

(약 4:11-12)

✝ 왜 자기의는 하나님의 일을 가로막는 것일까요?

(눅 18: 9-14)

(롬 10:3)

✝ 다음 중에 올바르지 못한 언사에 대해서 성경에서 언급하고 있지 않은 것은?

형제를 비난하는 말 ( ), 욕설 ( ), 더러운 말 ( ), 거짓말 ( ), 호리는 말 ( ), 상스러운 농담 ( ),
아첨 ( ),   자랑 ( ),   수군거림 ( ), 중상 ( ), 저주 ( ), 불평 ( ), 험담 ( ), 수다 ( ), 참견 ( ),
어리석은 말 ( ), 폭언 ( ), 해당없음 ( )

✝ 다른 사람을 판단하면 어떻게 된다고 합니까?

(마 7:1-2)

(롬 2:1-3)

✝ 다음 구절은 무엇을 우리에게 명령하시나요? (골 3:8)

✝ 덕스럽지 못한 언행은 누구를 슬프게 합니까? (엡 4:29-32)

✜ 험담에 잘 말려듭니까? 자신은 언사에 어느 정도 조심한다고 생각합니까? (약 3:6-10)

    1. 내가 생각해도 가십이 좀 심한 편이고, 그 때문에 문제에도 잘 휘말린다.
    2. 내가 먼저 가십을 시작은 안 하지만, 다른 사람들에게 말려들곤 한다.
    3. 남의 말은 전하지 않으려고 조심을 해도, 오해를 사거나 문제가 된 적이 있었다.
    4. 다른 사람에 대해서 부정적인 말은 되도록 안 하고, 덕을 세우려고 노력한다.
    5. 기타 :

✜ 우리의 말은 무엇을 드러냅니까? (마 12:33-37)

✜ 하나님은 우리가 하는 말로써 어떤 결과가 있기를 원하실까요? (고전 14:3)

✜ 다음 구절은 무엇을 이야기할까요? (마 7:3)

✜ 내 자신의 허물을 돌아보는데 게으르다면 어떤 결과가 되나요?

    (롬 3:10)

    (요1서 1:10)

다른 사람으로부터 자신에 대해 비판하는 소리가 들려올 때 어떻게 반응합니까?

1. 기분 나쁜 소리는 무조건 무시해 버리고 잊어버린다.
2. 잘잘못을 밝히기 위해서 즉시로 따진다.
3. 왜 그럴까를 곰곰이 생각하며 자존심이 상해서 우울해진다.
4. 마음이 아프지만 수용해서 잘못을 점검해보고, 고쳐보려고 노력한다.
5. 기타 :

 잘못을 지적당하거나 비판을 받았을 때에, 자신의 발전이나 성숙의 기회로 삼은 경험이 있으면 적어 보십시오

 하나님의 관점으로 매사를 볼 수 있는 지식과 지혜는 어디에서 나올까요?

(요 7:17)

(요 14:26)

(고전 3:18)

(고후 10:5)

(빌 3:8)

(딤후 3:15)

(약 1:5-6)

5. 자기의인가, 하나님 관점인가?

미움 / 불만 / 정죄 / 비난(험담)
불순종 / 무지 / 변화안됨 / 관계의 문제

자기점검 / 분별 / 지혜 / 절제
용납 / 격려 / 겸손 / 비판수용

자기의(Self Righteousness)

성경 말씀과 하나님 기준

✤ 새롭게 느낀 것이나 깨달은 것을 적어 보십시오.

✤ 1 주일 동안 허무는 말과, 세우는 말을 분별해서 실천했던 것을 적어 보십시오.

암송구절: 약 1:2

엡 4:29

QT note

6. 멀쩡한 포로인가, 영광스런 부상자인가?

사례 1

저는 목녀로서 최선을 다한다고 생각하고 있었습니다. 저희 애들은 언제나 뒷전이었고, 목장 식구들이 필요로 할 땐 발 벗고 나서서 음식도 해다 주고, 아이도 봐주고, 기도하며 목장 식구들을 섬기려고 했습니다. 하지만, 목장 식구들은 제가 잘하는 것은 당연한 일이고, 어쩌다가 제가 미처 챙기지 못하거나 실수를 하면 그냥 넘어가지를 않습니다. 목장 식구들은 뭐가 그렇게 불만이 많은지, 그리고 어쩌면 그렇게 목자나 목녀를 위해서 목장에 나와 주는 것처럼 생각하는 건지 도무지 알 수가 없습니다.

지난번 목장 모임에서는 마치 제가 무슨 죄인이나 된 것 같은 생각이 들 정도로 한 자매에게 비난을 받았습니다. 자신이 처음 목장에 왔을 때에도 똑같이 해주었고, 아플 때나 어려운 일이 있었을 때에도 우리 아이들까지 제쳐놓고 도와줬던 일들은 까마득하게 잊은 듯이 제가 자기를 싫어하는 것 같다며, 목장을 당분간 쉬겠다고 하는 것입니다.

목장에 새로 들어온 VIP 목장 식구에게 관심을 쏟느라고 저도 바쁘다 보니, 자신들에게는 좀 소홀히 할 수밖에 없었다는 것은 저도 알고 있습니다. 그렇지만, 목자나 목녀가 그렇게 해야 하는 것은 너무나 당연한 일인데도 그것을 이해하지 못하는 것이 정말 답답합니다. 정말 사람들은 너무나 이기적이고, 제가 왜 저런 사람들을 위해서 이렇게까지 고생을 해야 하는 건지 알 수가 없습니다. 저도 이젠 정말 지쳐버렸습니다.

사례 2

이번 주에 생명의 삶 공부를 새로 개강하게 되어서, 목장의 VIP 자매가 꼭 들으면 좋겠다는 생각으로 설득을 해보았습니다. 처음에는 애들이 어려서 저녁에 남편에게 둘 다 맡기고 오기가 힘들다고 거절을 하였지만, 어렵게 승낙하고 등록도 했습니다. 개강하는 날은 제가 같이 가서 안내도 해주고, 교제도 받아주는 등 혼자 어색하지 않도록 도와주기로 했습니다. 그런데, 막상 개강을 하는 날 아침에 전화가 왔습니다. 막내가 밤새 열이 나고 아파서 오늘 올 수 없다며, "아무래도 다음으로 연기해야겠다"는 이야기에 맥이 풀려 버렸습니다. 지난번에는 우리 VIP가 생명의 삶 공부를 들으러 가다가 차사고가 크게 났었는데, 왜 매번 삶 공부 때마다 이렇게 힘든 일이 생길까요?

✚ 사역 중에 목장에서 갑자기 분란이 일어나거나, 사고, 질병 등으로 영적인 공격을 받는다고 생각해 본 적이 있었습니까? 경험을 적어 보세요.

✚ 우리는 누구를 위해 섬김과 사랑을 실천할 때, 결과에 상관없이 회의가 들지 않을까요?
(요 21:17-19)

1. 담임 목사님
2. 목자(목녀) 자신
3. 목장 식구
4. 예수님
5. 기타

✚ 목장 식구들에게 오해를 받거나 공격을 당할 때에 주로 어떤 방법으로 대처합니까?

1. 나에게 잘못이 없다는 것을 증명하기 위해서 다른 목장 식구들의 동의를 구한다.
2. 억울하게 당할 수만은 없어서 따지고 변명한다
3. 일단 그자리를 피하고 나서 어떻게 갚아줄지를 생각한다.
4. 불만을 다 털어놓게 하고, 내 잘못이나 오해가 없었는지를 들어준다.
5. 기타 :

✚ 우리가 살아가는 세상은 어떤 곳입니까? (빌 2:15)

✜ 세상에는 어떤 사람들이 삽니까? (딤후 3:2-5)

✜ 세상 사람들은 예수님께 어떻게 대했습니까?

(요 1:10-11)

(행 3:15)

✜ 세상 사람들은 그리스도인에게 어떻게 대할 것이라고 합니까?

(딤후 3:12)

(요1서 3:13)

✜ 다음 성경 구절에 의하면 예수님은 어떻게 하셨습니까?

(사 53:7)

(벧전 2:21-23)

✜ 우리는 무엇을 하고 있고, 우리를 공격하는 실체는 무엇입니까? (엡 6:10-12)

✜ 어떻게 하면 마귀에게 속아 넘어가거나 패배하지 않습니까?

(고후 2:10-11)

(약 4:7)

(벧전 5:8-10)

✜ 이 싸움은 어떠한 싸움입니까?

(요 16:33)

(요1서 4:4)

✜ 싸움은 언제까지 지속됩니까? (딤후 4:7-8)

✜ 싸움이나 경주에 이기기 위해서는 어떻게 해야 합니까?

(고전 9:24-27)

(빌 3:13-14)

(엡 6:13)

(히 5:8)

(히 12:1-2)

(벧전 2:19-20)

(요1서 3:8-10)

(요1서 5:5)

✝ 다음 구절들은 우리가 세상 사람들과 어떻게 다르다고 말하고 있습니까?

(고후 5:17-19)

(갈 2:20)

(엡 4:22-24)

6. 멀쩡한 포로인가, 영광스런 부상자인가?

무방비 / 무기력 / 속임당함 / 휘둘림
사탄의 도구로 전락 / 훼방 / 좌절 / 포기

영분별 / 담대함 / 확신 / 지혜
견디어냄 / 성숙의 기회 / 희생 / 승리

영적으로 둔감

영적으로 깨어있음

✞ 새롭게 느낀 것이나 실천하기로 결심한 것을 적어보십시오.

✞ 1주일 동안 실천했던 것을 적어보십시오.

암송구절: 딤후 2:3

QT note

7. 내 능력인가, 하나님의 방법인가?

사례

　우리 부부는 요즘에 목장사역을 계속해서 해야 할지, 말아야 할지, 마음의 갈등을 많이 느끼고 있습니다. 본이 되어야 할 우리가 오히려 목장 사역을 시작한 후 부터, 사소한 의견차이로 이전에는 하지 않던 부부 싸움을 목장하는 날마다 하게 되었습니다. 아이들 아빠는 남들에게는 관심을 많이 가져주고, 밖에서나 다른 사람들에게는 잘 해주면서도, 정작 집에서나 애들에게는 얼마나 소리만 질러대는지, 어제는 참다 못해서 그런 주제에 무슨 목자라고 남들 앞에서는 점잖은 척하고 다니냐고, 제가 대들어서 크게 다투었습니다.

　저희 남편도 마찬가지입니다. 남들에게 상냥하게 하고, 잘하는 것에 반만큼만 남편인 자기에게 해보라고 야단입니다. 이렇게 맨날 부부싸움이나 하면서도 아무렇지도 않은 척하며 목장 모임에 가는 것도 더 이상 양심의 가책을 느껴서 할 수가 없습니다. 우리가 너무 준비가 안 된 상태에 마땅한 목자감이 없다고 승낙을 한 것이 잘못인 것 같습니다. 차라리 우리가 평범한 목장 식구였다면 이렇게 본이 되어야 하는 부담을 느낄 필요도 없고, 목장 식구들에게 흠 잡힐까 봐서 아닌 척하고 다닐 필요도 없고, 목장 식구로 다시 돌아가면 마음이 편하고 좋을 것 같습니다.

✝ 자신이 목자/목녀로서 자격이 없다고 생각해 본 적이 있습니까? 그 이유는?

✝ 자신과 다른 사람들의 역량이나 사역과 비교하거나, 완벽주의적 자세, 인정받기 원하기 때문에 힘들어지는 경우가 있었습니까? 그 예는?

✝ 목장 식구들이나 다른 사람들에게 자신의 허물을 잘 노출시키는 편인가요?

1. 조금이라도 책을 잡히거나 남에게 뒤지는 것을 나 자신이 용납하지 못한다.
2. 내 허물이 드러나면 무시를 당할까 봐 두렵고, 마음이 자유롭지 못하다.
3. 내 허물이나 실수를 목장 식구들과 나누려고 하지만, 아직 마음대로 잘되지 않는다.
4. 나의 부족한 것을 목장 식구들과 나누는데 자유하며, 변화하려고 노력하는 편이다.
5. 기타 :

✝ 자신은 허물을 드러내기가 왜 어렵습니까?

(욥 31:33-34)

(눅 12:1-2)

✜ 다음 구절은 우리의 약점을 가지고 어떻게 하라고 합니까? (고후 11:30)

✜ 왜 그렇게 하라고 합니까? (고후 12:9)

✜ 예수님이 높임을 받으시려면, 우리는 어떻게 해야할까요?

   (요 3:30)

   (갈 2:20, 6:14)

✜ 하나님은 어떤 사람을 도구로 삼으십니까?

   (신 7:7)

   (고전 1:27-29)

   (고전 10:12)

실수하거나, 완벽하게 잘하지 못할 때에도 어떤 결과를 가져올 수 있습니까?

(눅 18:9-14)

(롬 5:19-20)

 성령님께서 생각지 않았던 말을 떠올려 주셨거나, 사소한 일까지 지혜를 주시고 인도해 주신 경험이 있다면 적어 보십시오.

 자신은 사역을 위해서 어느 정도 하나님을 의지한다고 생각하십니까?

1. 목자 서약서에 약속한 것도 제대로 지키지 못하고 있다.
2. 평상시에는 게으르다가, 문제가 생기면 기도하게 된다.
3. 목자 서약한 것을 의무감으로 마지못해서 하고 있을 뿐이다.
4. 경건의 시간을 충실히 가지며 매사에 하나님의 인도하심을 찾고, 경험하기도 한다.
5. 기타 :

✙ 다음 성경 구절에 의하면, 사역은 무엇을 따라서 해야 할까요?

(요 5:19)

(고전 2:5)

(골 1:29)

(골 3:17)

(살전 1:5)

✙ 다음 구절들에 의하면, 우리의 사역은 무엇을 위함인가요?

(요 14:10)

(행 3:12-16)

(고전 10:31)

(고후 4:5-7)

(고후 5:9)

(빌 3:3)

7. 내 능력인가, 하나님 방법인가?

자기 방법 / 외식 / 위선 / 탈진
자괴감 / 자기과시 / 교만

기쁨 / 겸손 / 확신 / 덕을 끼침
성령님을 경험 / 하나님께 영광

자신을 신뢰(Self-Confidence) 또는 자신감 부족(Self-Doubt)

도구로 드림 / 하나님을 의지

✞ 자신의 경건생활(Q.T.) 습관이나 내용에 관하여 어떠했는지, 스스로 평가해 보십시오.

✞ 다음 1주일 간 4일 이상, 다음과 같이 예수님과 사귐의 일기를 적는 연습을 해보십시오.

1. 성경을(한 장 미만) 반복해서 읽으며 묵상한다.
2. 말씀 안에서 예수님을 만난다는 기대감을 가진다.
3. 성령님께서 도와주시고, 말씀하시는 것을 듣게 해달라고 기도한다.
4. 예수님과 마주보고 대화하듯이 찬양과 경배, 회개, 감사, 사랑 고백 등을 적어본다.

암송구절: 고후 12:10

QT note

8. 결과인가, 동기인가?

사례1

우리 교회에서 열리는 가정교회 목회자나 평신도 세미나 때가 되면, 저는 정말 주눅이 들곤 합니다. 왜냐하면, 우리 목장은 목장 식구가 우리 부부를 제외하고, 단 세 명뿐이기 때문입니다. 분가할 때만 해도 몇 가정이 있었는데, 한 가정씩 다른 지역으로 이사를 가고 이제는 한 부부와 혼자 지내시는 한 자매님만 남았습니다.

그나마도 그 자매님도 애가 아프든지, 가게가 바쁘면 목장 모임에 참석을 안 할 때가 많습니다. 그렇게 썰렁한 목장 모임에 참석자를 모시고 와서 은혜스러운 모습을 보여드리지 못할 바에야 차라리 안 모시는 것이 낫다는 생각에 번번이 세미나 때마다 오시는 분들을 모시지 않고 있는데, 목사님을 뵐 면목이 없습니다.

사례2

다른 목장의 목장 식구들은 영접도 잘하고 허그식도 잘하는데, 우리 목장에는 왜 그리 힘든 사람들만 있는지 모르겠습니다. 한 가정은 이제껏 3년간이나 매주 우리 집만을 오픈해서 목장모임을 했는데도 한 번도 자기 집에 초청을 안 했을 뿐만 아니라, 기분 내킬 때만 선심 쓰듯이 목장 모임에 와주듯이 옵니다. 삶공부라도 들어보면 좀 나아질까 해서, 권유를 하는데 꿈쩍도 안 합니다. 사정이 있어서 못 오게 되면, 좀 미리 연락이나 해줄 것이지, 음식을 다 차려놓으면 꼭 목장 모임 5분 전에 못 오겠다고 전화를 하곤 합니다. 한 번은 아무도 오지 않아서 남은 음식을 우리 부부가 일주일 내내 먹어 치워야 했습니다. 목장 현황판에 목장 식구가 많이 모이는 목자들을 보면 부럽기만 합니다. 이렇게까지 아내를 고생시키며 부흥도 못하는 목장 사역을 계속해야 하는지 마음에 늘 갈등이 있습니다.

✣ 섬기는 목장이 침체되어 마음에 부담이 되었던 적이 있습니까? 목장 사역하다가 가장 힘들었던 경우를 적어보시기 바랍니다.

✣ 목장이 침체되고, 목장 식구가 늘어나지 않을 때, 마음에 짐이 되는 이유는 무엇이라고 생각합니까?

    1. 다른 목장과 비교가 되고 체면이 구기기 때문이다.
    2. 목장 분위기가 가라앉아 있고, 목장 식구들이 재미없어하기 때문이다.
    3. 목사님이나 교회에서 인정을 받지 못해서 압박감을 느끼기 때문이다.
    4. 사역을 잘 못하는 무능력한 나 자신이 용납이 안 되기 때문이다.
    5. 기타 :

✣ 사람의 평가를 두려워하면 어떻게 된다고 합니까? (잠 29:25)

✣ 사람들에게 인정받고, 높이 평가를 받으려 하면 어떻게 됩니까?

    (마 6:1)

    (눅 16:15)

✝ 하나님은 무엇을 보고, 또 알고 계십니까?

(욥 34:21)

(시 139:1-3)

✝ 무엇을 염두에 두고 행동을 하라고 합니까?

(눅 12:1-5)

(고전 9:27)

✝ 우리는 누구의 인정을 받기 위해서 사역을 합니까? (눅 12:6-7)

✝ 결과가 없더라도 누가 우리의 섬김을 기억해 주십니까? (히 6:10)

✜ 바울은 어떤 상황에서 기뻐하고 있었나요? 그 이유는? (빌 1:15-18)

✜ 어떻게 해야 사역의 결과가 생긴다고 합니까?

(시 37:3-5)

(잠 16:3)

✜ 목장이 부흥할 때에 더 조심해야 하는 이유는?

(신 8:12-18)

(잠 18:12)

✜ 사역에 열매가 없고, 목장이 어려움이 있었거나 침체되어 있을 때에도 내게 올 수 있었던 유익은 무엇이었습니까? 자신에게 있었던 경험을 적어 보시기 바랍니다. (롬 8:24-25, 28)

8. 결과인가, 동기인가?

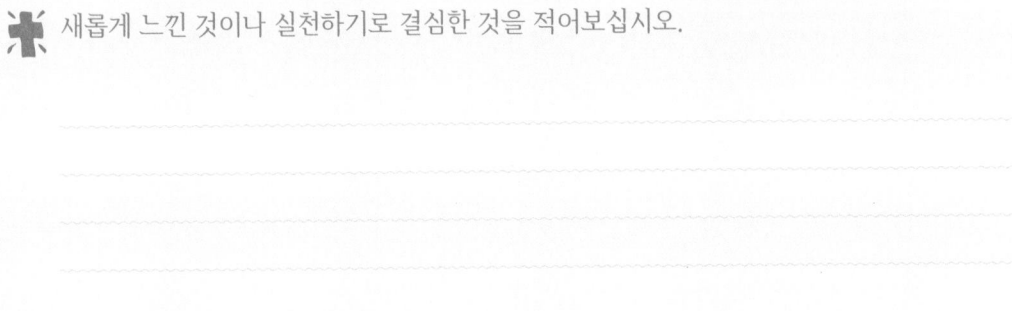

🕀 새롭게 느낀 것이나 실천하기로 결심한 것을 적어보십시오.

🕀 1주일 동안 실천했던 것을 적어보십시오.

암송구절: 딤후 4:2

QT note

9. 문제가 큰가, 하나님이 크신가?

사례1
저희 목장엔 중년으로 접어드는 부부가 있습니다. 아무것도 부러울 것이 없던 이 가정에 생각하지도 못했던 일이 벌어졌습니다. 남편이 어느 날 갑자기 다른 여자가 있다며 집을 나가버렸습니다. 집에서 아이들만 키우던 자매님은 생활력도 없고, 친정 부모나 형제들도 없이 의지할 곳이 없는 사람인데, 어떻게 도와야 할지 막막합니다.

사례2
암으로 투병하는 자매를 보며, 너무나 저의 한계를 느낍니다. 이제 세 살밖에 안 된 어린 딸을 볼 때마다 마음이 무너지듯이 아픕니다. 기도해 주며 이따금씩 영양식을 해다 주는 것 이외에 그의 고통을 덜어줄 수 없다는 것이 목녀로서 너무나 무력하다는 생각뿐입니다.

사례3
저희 목장 식구 중에 한 가정은 사업이 망했습니다. 집도 은행에 넘어가고, 차도 빼앗기게 생겼습니다. 아직 아이들은 대학에도 가야 하고, 스스로 자립할 때가 안 되었는데 생계가 막막하니 어떻게 살아나가야 할지, 저희가 도와주는 것도 한계가 있고, 어떻게 감당을 해야 할지 모르겠습니다.

✝ 목장 식구에게 내 힘으로 돕거나 해결할 수 없는 심각한 문제가 생겼던 경험을 적어보시기 바랍니다. (금전문제, 질병, 가정문제 등…)

✝ 그 문제로 인하여 자신이 어떠한 부정적인 영향을 받았나요?

　1. 우울해지고 목장 식구와 같이 절망감에 빠져들었다.
　2. 그 고통을 내게 대신 지워달라고 기도했다.
　3. 내가 아무것도 도와줄 수가 없어서 죄책감이 들었다.
　4. 불쌍한 목장 식구에게 그런 시련을 허락하신 하나님이 이해가 안 된다.
　5. 기타 :

✝ 우리의 모든 문제와 시련의 주인은 누구인가요? (사 41:10)

✝ 누가 우리에게 사단의 가시를 허용하시나요? (고후 12:7)

✝ 누구를 위해서, 왜 그렇게 하셨나요?

✜ 우리가 시련을 겪은 후에 맺을 수 있는 열매들은 무엇일까요?

(롬 5:3-4)

(고후 1:4-5, 고후 1:8-9)

(고후 12:10)

(히 12:7-11)

(약 1:2-4)

(벧전 1:7)

(벧전 4:12-13)

✜ 하나님은 우리에게 감당 못할 목장 식구/다른 사람들의 짐을 맡기시는 분인가요? (고후 8:12)

✜ 감당하기 어려운 문제 가운데서 하나님이 하시는 약속은 무엇인가요? (고전 10:13)

✜ 누가 우리의 짐을 대신 져주실까요?

(시 68:19)

(마 11:28)

다음 중에 하나님께서 목자, 목녀에게 기대하시는 것은 무엇이라고 생각하나요?

1. 목장 식구의 고통을 덜어주고, 문제를 속히 해결하기 위해서 내가 발벗고 나선다.
2. 여기저기 알아도 보고, 생각나는 대로 최선의 해결 방법을 제시해 본다.
3. 함부로 나서다가 문제를 더 꼬이게 만들까봐 바라보고 있다.
4. 문제를 통해서 목장 식구가 하나님을 찾고, 의지하며, 하나님을 경험할 수 있도록 함께 기도하며, 하나님의 지혜를 구한다.
5. 기타

 누가 우리의 약함을 도와주시나요? (롬 8:26)

 시험을 당할 때에 누가 우리를 지켜 주실까요? (계 3:10)

 우리가 시련 가운데서도 용기를 낼 수 있는 이유가 무엇일까요?

(요 16: 33)

(롬 8:35-39)

(히 13:6)

9. 문제가 큰가, 하나님이 크신가 ?

두려움 / 흔들림 / 좌절 / 우울
부정적 영향 / 세상 방법 / 실족

위로 / 용기 / 오래참음 / 연단
응답 경험 / 성숙 / 섭리를 깨달음

상황을 두려워함
하나님의 임재나 능력 불신

하나님의 주권 인정
말씀의 약속에 대한 확신

✝ 새롭게 느낀 것이나 실천하기로 결심한 것을 적어보십시오

✝ 1주일 동안 실천했던 것을 적어보십시오

암송구절: 빌 3:10

QT note

10. 눈앞의 것인가, 영원한 것인가?

사례1

저는 30대 중반의 목녀입니다. 애들은 아직 어리고, 직장까지 다니니까, 매주 목장 모임을 하고 나면 이루 말할 수 없이 지치곤 합니다. 생활도 넉넉하지 않지만, 목장 음식을 장만하거나, 목장 식구들의 대소사를 챙겨주는데 적지 않은 돈을 생활비에서 지출합니다. 그렇다고 목장 식구들이 고마워하기라도 한다든지, 변화가 좀 될 것 같으면, 어렵더라도 참아 볼 수가 있을 것 같습니다. 하지만 이것은 마치 계란으로 바위를 치는 격이지, 정말로 이렇게 꿈쩍도 하지 않는 사람들이 있을까 하는 생각이 듭니다. 신앙은 없더라도 경우는 있어야 하는 게 아닐까요? 우리 목장은 몇 년이 지나도 예전과 다름이 없고, 분가도 한 번 못했기 때문에, 남들 보기에도 그저 민망할 뿐입니다. 이럴 바엔 차라리 그만두자고 남편에게 조르고 있습니다.

사례2

저는 여러 가지로 자격도 없고, 사역할 처지가 못되었지만, 목장 식구들이 모두들 도와주겠다고 밀어붙여서 순종하는 마음으로 목자가 되었습니다. 말하자면, 자기들이 해야 할 일을 마음이 약하고, 거절을 못 하는 제가 떠맡게 된 것입니다. 그런데 막상 분가하고 나니, 제가 예상했던 대로, 다 자기들만 제일 잘났다고 생각하는 목장 식구들이 도무지 제 힘으로 감당이 되지를 않았습니다. 그러다가 별것도 아닌 작은 일이 화근이 되어서 모두 다 목장을 떠나버렸고, 목장이 공중분해가 되었습니다. 금요일이 되면, 목장 식구 하나 없이 부부가 단둘이 앉아서 예배를 드리자니, 처량하고 기가 막힐 뿐입니다.

✚ 현재 본인이 목자나 목녀로서 목장 사역을 하는 것에 대해서 어떠한 상태입니까?

1. 그만두고 싶지만, 마지못해 하고 있다.
2. 다들 하니까, 나도 해야 할 것 같아서 한다.
3. 처음엔 힘들었지만, 점점 익숙해지고 있다.
4. 사역에 재미도 있고, 소명감을 가지고 있다.
5. 기타 :

✚ 목장 식구들에게 물질적으로나 시간 등으로 희생을 하는 것에 대해서 어느 정도 자원하는 마음이 있습니까?

1. 괜히 나만 손해를 보는 것 같아서 마음이 불편하다.
2. 마음은 원하지만, 형편이 너무나 어렵다.
3. 처음엔 힘들었지만, 지금은 많이 익숙해지고 있다.
4. 영혼구원을 위해서는 무엇이든지 아낌없이 쓰고자 하는 마음을 지니게 된다.
5. 기타 :

✚ 다음 사항 중에 가장 견디기 힘든 것이 있다면? 순서대로 1,2,3…으로 표기하십시오.

1. 물질적인 희생
2. 시간적인 희생
3. 음식 장만
4. 자녀들이 함께 겪어야 하는 희생
5. 무시당하고 자존심을 상하게 하는 것
6. 맨날 손해만 보고 져주어야 하는 것
7. 목장이 침체되거나 목장 식구들이 변화하지 않는 것
8. 전도의 어려움
9. 다른 목장들과 비교되는 것
10. 배우자가 협조적이지 않은 것
11. 기타 :

✤ 예수님은 우리들의 목자로서 어떠한 어려움들을 참으셨습니까?

(마 8:20)

(마 13:57)

(눅 22:47-48)

(눅 23:1-2)

(눅 23:39)

(요 19:1)

(히 2:9)

(히 12:2-4)

✤ 예수님은 어떻게 모든 일에 우리를 도우실 수 있읍니까? (히 2:18)

✤ 영생을 위해서 무엇을 선택하라고 말합니까?

(마 7:13-14)

(마 16:25)

✝ 낙심하지 않으려면 무엇이 필요합니까? (히 10:35-36, 11:6)

✝ 세상에서 영원히 남는 것은 무엇입니까?

(마 24:35)

(요1서 2:15-17)

✝ 우리가 지금 견디어야 하는 것과, 그 후에 우리를 기다리고 있는 것은 무엇입까?

(마 5:11-12)

(마 10:22)

(롬 8:18)

(빌 3:10-11)

(딤후 4:7-8)

(히 12:2)

(약 1:12)

(벧전 5:1-4)

요한 계시록 21장 1-8절을 묵상하고, 느낀 바를 적어보십시오.

휴스턴 서울교회 목장 식구의 예수님 영접 축하

코로나 펜데믹 기간 동안 휴스턴 서울교회의 한 목자는 자택에 칸막이를 만들어 한 주도 빠짐없이 청년들에게 밥을 해 먹이며 목장을 했습니다

10. 눈앞의 것인가, 영원한 것인가?

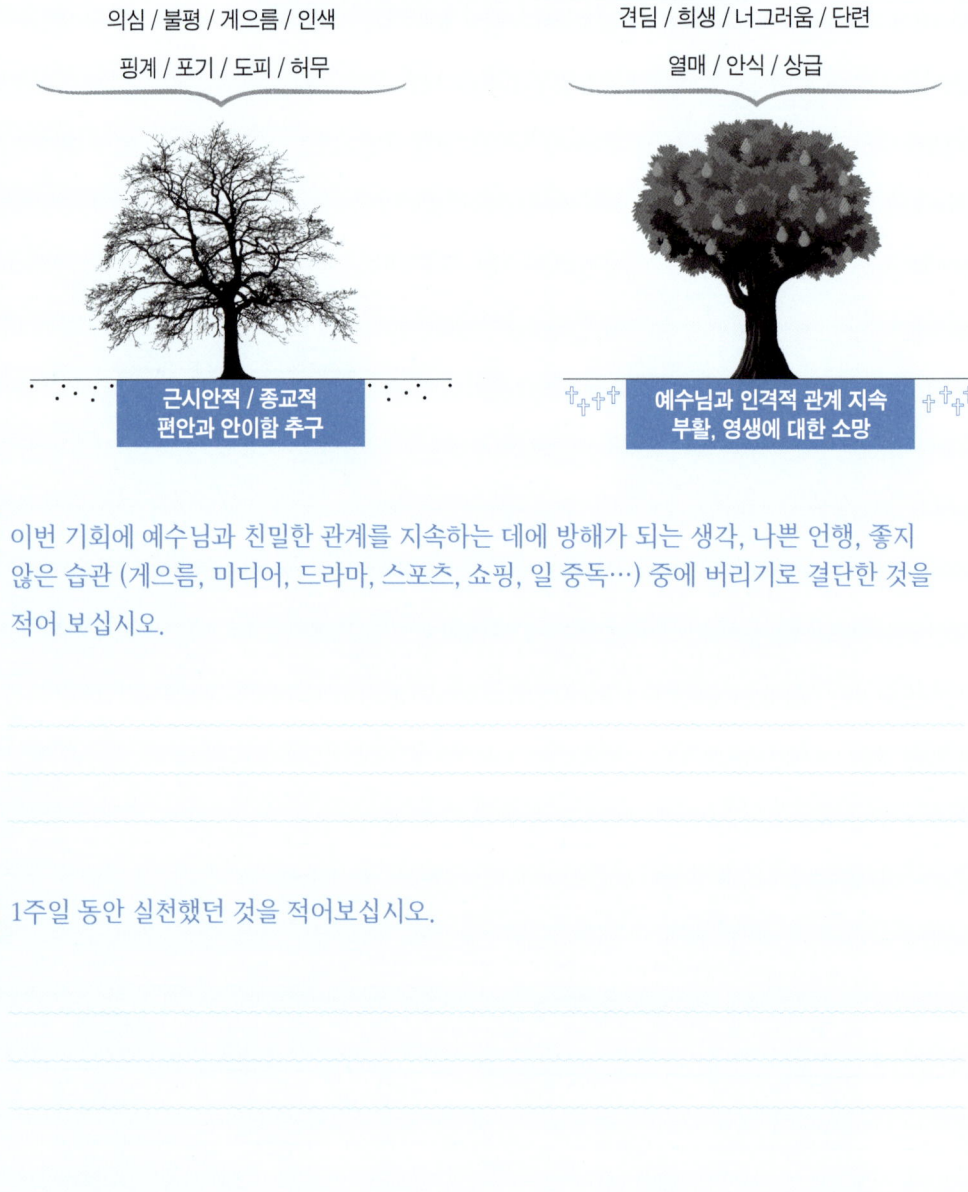

✝ 이번 기회에 예수님과 친밀한 관계를 지속하는 데에 방해가 되는 생각, 나쁜 언행, 좋지 않은 습관 (게으름, 미디어, 드라마, 스포츠, 쇼핑, 일 중독…) 중에 버리기로 결단한 것을 적어 보십시오.

_____
_____
_____

✝ 1주일 동안 실천했던 것을 적어보십시오.

_____
_____
_____

암송구절: 고후 4:18

_____
_____

QT note

Case Study

1. 목장 사역 가운데 내게 가장 힘든(또는 힘들었던) 문제는 무엇입니까?

2. 나는 어떻게 반응하고 있습니까? 또는 반응했었습니까?

3. 잘 넘어지고, 실패하는 나의 약점은 무엇일까요?

4. 나는 어떻게 이것을 어떻게 시정하고, 반응해야 할까요?

10 단원 주제별 요약

1과: 피해자인가, 사명자인가?

하나님이 그리시는 전체 그림을 보지 못하며, 자신이 노력하고 희생한 것에 대한 결과가 기대대로 일어나지 않으면, 실망하고 좌절하게 된다. 쉽게 '자기연민'에 빠져서 받은 상처에 집중하고, 스스로를 피해자로 만들게 되면, 사역에 대한 열정과 사역자로서 영향력마저도 상실하게 된다. 이러한 사단의 계략에 빠져들지 않을 수 있는 길은 분명한 사명의식이다. 예수님과의 관계를 다시금 점검하고, 복음의 능력을 의지해서, 사명자로서 무장하는 자세를 갖추어야 한다.

2과: 이기심인가, 참된 섬김인가?

같은 상황에서도 사람들은 각각 자기중심적인 시각으로 모든 일을 해석한다. 목자는 목장 식구의 처지를 깊이 이해하려거나 공감하려 하기보다도 자신의 입장과 목장의 운영을 우선하기 쉽고, 목장을 필요로 하는 사람들보다 목장에 필요한 사람을 찾기 쉽다. 영혼구원과 제자로 바로 세우고자 하는 분명한 기준에 따른 섬김을 하고, 사역의 목적을 새롭게 이해함에 따라 참된 섬김을 실천해야 한다. 먹이고 나누어 주는 것만이 아니라, 때로는 거절도, 훈련도, 경계선을 그어 주는 것도, 바른 권면도 상대가 하나님께 바로 서게 하기 위한 목적이면 모두가 섬김이다.

3과: 내 제자인가, 예수님 제자인가?

목장이나 목장 식구의 주인은 하나님이시고, 우리는 상대가 하루속히 주님 앞에 바로 서는 것을 돕는 도구로서 그들과 건강한 관계를 유지하도록 해야 한다.

인간적인 욕심 때문에 사역 대상자에게 지나치게 집착할 수도 있고, 사람의 환심을 얻기 위해서 바른 목적으로 양육하지 않기 때문에 영적인 어린아이로 만들 수도 있다. 자신과 상대방이 동일하게 예수님의 다스림을 받아야 한다는 것을 항상 기억해서 그들을 권위로 지배하거나, 자신을 추종하게 하지 않으며, 함께 세워져 가는 동역자로 존중하며 속히 예수님 앞에 홀로 설 수 있도록 세운다.

4과: 권위주의인가, 종의 자세인가?

자칫 목자를 권위직으로 오해를 해서, 예수님 안에서 자신과 상대의 속사람의 변화를 추구하기보다, 성급하게 다른 사람들을 외형적으로 바꾸려 하거나 율법적으로 가르치려 할 수 있다. 성경적인 리더는 섬김의 리더요, 자신의 권위이신 주님께 목자가 스스로를 먼저 겸손하게 낮추고 순종하며 변화되어 가는 본을 보여야지만, 비로소 하나님께서 적당한 때에 영적 지도자로서 권위를 세워주시고, 사람들에게도 존중을 받을 수 있으며, 외적인 변화 이전에 속사람이 은혜로 채워지도록 돕는다.

5과: 자기의인가, 하나님 관점인가?

목장 내에서 관계에 문제가 생기는 주된 원인 중 하나가 험담이나 비판 등 절제되지 못하고 덕을 세우지 못하는 언사에 의한 경우가 많다. 또한 사역 대상자에게 인내하지 못하는 이유는 하나님의 시각이나 관점으로 상대를 바라보지 못하기 때문이다. 목자로서 자기 스스로를 먼저 점검하는데 게으르지 않으며, 하나님의 기준과 관점으로 상대를 대하며, 대인관계를 이끌어 나가야 한다.

6과: 멀쩡한 포로인가, 영광스런 부상자인가?

목장은 영혼을 구원해서 제자를 삼는 영적인 최전방이라고 할 수 있으며, 영적으로 둔감해서 적을 알지 못하면, 감정적으로 휘말리게 되고, 영적 싸움에서 이길 수 없다. 목장 사역 가운데서 일어나는 문제의 뒤에서 항상 역사하는 악한 원수의 실체와 훼방이 있음을 잊지 않아야 하고, 전쟁을 하는 가운데서는 때로 부상도 당하고 고통도 따르지만, 이것은 가치 있는 아픔이요, 예수 그리스도의 군사로서 마땅히 주님 앞에 지니고 가야 할 영광스러운 흔적이라는 자세와 각오가 있어야 한다.

7과: 내 능력인가, 하나님의 방법인가?

우리는 주님의 일하시는 통로이며 마음대로 쓰실 수 있는 도구가 되어야 한다. 깨끗하게 비워져서 성령께서 자유로이 일하실 수 있어야 하며, 하나님의 능력이 드러나야 한다. 이를 위해서 예수님과 인격적인 깊은 사귐에 게으르지 않아야 한다. 자기 자신의 경험, 지식, 방법 등을 의지하거나, 지나치게 자신의 역량, 은사 등을 드러내는 것, 반대로 자신감이 없어 하는 것 모두가 바른 자세가 아니다.

8과: 결과인가, 동기인가?

사역을 열심히 해보려고 하지만, 눈에 보이는 결과가 없을 때에는 좌절하게 된다. 하지만 하나님은 우리의 마음을 감찰하시고 동기도 귀하게 여겨 주시기 때문에, 사람들에게는 인정받을 수 있는 결과가 없다 할지라도, 하나님이 기뻐하시는 일에 충성하고 있는 것인가를 점검하고, 사람의 평가에 좌우되지 말아야 한다. 마음대로 안 되는 상황 가운데서도 자신의 자세를 재정비하거나, 겸손과 인내 등 목자의 자질을 훈련할 수 있는 '기회'로 만들 수 있어야 한다.

9과: 문제가 큰가, 하나님이 크신가?

때로 감당할 수 없는 큰 문제가 목장 식구들에게 일어날 경우가 생기기도 한다. 문제에 처한 사람과 함께 좌절하거나, 그 짐을 자신이 떠맡으려 하면서 그 무거움에 눌리거나, 자신이 도와주지 못하는 한계 때문에 죄책감에 빠지는 경우도 생길 수 있다. 우리의 문제와 시련까지도 주인은 하나님이시며, 이해할 수 없는 상황에도 선하신 섭리가 있음을 믿게 하고, 하나님의 방법으로 해결해 나가도록 도와주어야 한다. 목자가 문제 해결자가 아니므로, 잘못된 해결책을 주지 않아야 한다. 어려움이나 문제를 두려워하지 말고, 사단의 가시까지도 우리의 유익으로 바꾸실 수 있는 하나님을 신뢰해야 한다.

10과: 눈앞의 것인가, 영생인가?

기복주의나 안일한 신앙생활만을 바라는 사람들에게는 다른 사람들을 위한 지속적인 인내와 희생을 기대할 수 없다. 이러한 모든 것은 예수님과 바른 관계 위에 부활 신앙과 영생의 소망이 있을 때만이 지속될 수 있다. 눈앞의 것에 집착하지 않고, 멀리 있는 영생과 상급을 바라보고 인내하며 참아낼 수 있도록 바른 시각과 장기적인 안목을 갖추어야 한다. 자기중심적인 삶에서 탈피하는 경건의 훈련을 지속해야 하고, 예수님께 시선을 집중하고, 관계를 긴밀하게 하는 데 방해되는 것들을 과감히 잘라낼 수 있어야 한다.

나의 목양원칙 7가지

1. _____

2. _____

3. _____

4.

5.

6.

7.

재파송

"우리는 무슨 일에서나 하나님의 일꾼답게 처신합니다. 우리는 많이 참으면서, 환난과 궁핍과 곤경과 매 맞음과 옥에 갇힘과 난동과 수고와 잠을 자지 못함과 굶주림을 겪습니다. 또 우리는 순결과 지식과 인내와 친절과 성령의 감화와 거짓 없는 사랑과 진리의 말씀과 하나님의 능력으로 이 일을 합니다. 우리는 오른손과 왼손에 의의 무기를 들고, 영광을 받거나, 수치를 당하거나, 비난을 받거나, 칭찬을 받거나 그렇게 합니다. 이름 없는 사람 같으나 유명하고, 죽은 사람 같으나, 보십시오, 살아있습니다. 징벌을 받는 사람 같으나 죽임을 당하는데 까지는 이르지 않고, 근심하는 사람 같으나 항상 기뻐하고, 가난한 사람 같으나 많은 사람을 부요하게 하고, 아무것도 가지지 않은 사람 같으나 모든 것을 가진 사람입니다." (고후 6:4-10)

나는 누구입니까?

나는 어떤 사명을 위해서 세상에 존재합니까?
(마 28:18-20)

사명을 감당하고자 하는 사람들에게
예수님은 어떤 약속을 주셨읍니까? (마 28:20)

예수님께 재헌신의 기도를 쓰시기 바랍니다

목자 목녀의 삶

초판 1쇄   2024년 4월 1일

지 은 이 _ 이명희
펴 낸 이 _ 이태형
펴 낸 곳 _ 국민북스
편   집 _ 김태현
디 자 인 _ 서재형

등록번호 _ 제406-2015-000064호
등록일자 _ 2015년 4월 30일

주   소 _ 경기도 파주시 헤이리 마을길 93-75 A동 210
전   화 _ 031-943-0701
팩   스 _ 031-942-0701
이 메 일 _ kirok21@naver.com
ISBN 978-11-88125-25-9 03230